Der Hund nickt: »Und ich bin ganz aus dem Hundehäuschen!
Schon als Zuschauer bin ich immer aufgeregt.
Jetzt steh ich selbst auf der Bühne, und wir spielen unser Stück.
Wer weiß, ob die Zuschauer die Geschichte mögen?«

Das Huhn mahnt:
»Halt den Schnabel, gleich hab ich meinen Auftritt.
Es geht los!«

Der Vorhang geht auf.

Lorenz Pauli (Text), Kathrin Schärer (Bilder): Fell und Feder

Copyright © 2017 Atlantis, an imprint of Orell Füssli Verlag AG, Zurich, Switzerland, www.atlantis-verlag.ch
Typografie: Manuel Süess, Zürich. Lithos: Photolitho, Gossau-Zürich. Druck: Grafisches Centrum Cuno, Calbe.
ISBN 978-3-7152-0737-7 / 1. Auflage 2017

Bibliografische Information der Deutschen Nationalbibliothek
Die Deutsche Nationalbibliothek verzeichnet diese Publikation in der Deutschen Nationalbibliografie; detaillierte bibliografische Daten sind im Internet abrufbar über http://dnb.de

Das Bilderbuch *Fell und Feder* basiert auf der gleichnamigen Kinderoper, die Lorenz Pauli (Libretto) und Rodolphe Schacher / Charlotte Perrey (Musik) im Auftrag von »argovia philharmonic« geschrieben haben. Uraufführung im Frühjahr 2018; Musikdownload ab Herbst 2017 unter: *www.argoviaphil.ch/Fell-und-Feder*

Lorenz Pauli und
Kathrin Schärer

Fell und Feder

atlantis

»Ich dachte immer, jenseits des Gitterzauns finde das wilde Leben statt.
Jetzt bin ich draußen, und es ist so langweilig wie zuvor«, seufzt das Huhn.
»Ich wünsche mir ein Abenteuer. Ich möchte einen Piratenschatz finden!
Drei Kisten. Mit Gold, Edelsteinen und Regenwürmern.«

Doch dann hört das Huhn jemanden kommen und versteckt sich im Gebüsch.
Abenteuer ist Abenteuer. Aber sicher ist sicher.

Der Hund schnüffelt, lauscht und setzt sich vor den Busch.
»War da nicht eine Stimme? Ich wünschte mir,
es käme ein Freund…Ich bin so allein.
Ich bin von zu Hause weggelaufen, weil ich dachte,
man würde mich dann vermissen. Aber niemand sucht mich.«

Es raschelt, und der Busch sagt:
»Ich bin ein Wunschbusch. Sag mir, was du dir wünschst!«
Der Hund weiß es sofort:
»Ich wünsche mir einen Freund. Groß und stark. Und gescheit.
Er versteht mich immer. Er hilft mir und erzählt mir Geschichten.
Und er hat einen wunderschönen Namen. Er heißt Marulan.
Oder Taluros. Und er findet immer –

»TATAAAA!!!«, macht der Busch und wischelt und wuschelt.
Aus dem Busch tritt…

… das Huhn!

Der Hund hält die Luft an. Ob das Huhn seine Enttäuschung bemerkt?

Dann sagt er: »Aha. Ein Huhn. Heißt du Marulan? Oder Taluros? Nicht? Aha.

Dann hilf mir wenigstens, meinen Freund zu finden!«

Das Huhn reibt sich die Flügel:
»Gut. Aber du und dein Freund, ihr helft mir danach, die drei Schatzkisten zu finden!
Wie sieht dein Freund eigentlich aus?«

»Er ist groß – und stark – und gescheit,
und er erzählt mir Geschichten. Ich zeichne ihn dir!«

Der Hund zeichnet: Ist es eine Haarbürste? Ein Tisch? Ein Klavier?
Er verzweifelt schier: »In mir drin sehe ich meinen Freund ganz genau.
Und wenn ich versuche, ihn zu zeichnen, geht es nicht.«

Das Huhn schlägt vor: »Wenn wir dein Bild von der anderen Seite anschauen,
sieht es prima aus. Du zeichnest wunderbar!«

Der Hund freut sich ein kleines bisschen.
Von der anderen Seite sieht sein Bild wie ein Schiff aus. Oder wie eine Insel mit Palmen.

»Wenn wir meinen Freund gefunden haben, möchte ich mit ihm auf diese Insel fahren«,
sagt der Hund.
»Ja«, nickt das Huhn, »da liegt auch der Piratenschatz versteckt.
Und ich habe einen Plan: Ich werde deinen Freund finden und ihn zu dir bringen.«

Das Huhn ist weg.
Schon eine ganze Weile.
»Wo bist du, Huhn?«, ruft der Hund.
»Hast du Marulan oder Taluros schon
gefunden?«
Es ist still, ringsum still.

Der Hund fühlt sich so allein wie noch nie.
Wo bleibt das Huhn? Er schnüffelt.
Dann findet er einen Knochen.
Dem Huhn wird doch hoffentlich nichts
zugestoßen sein?

Plötzlich macht es
zack-zwirbel-schwupps!...

…und der Hund ist gefangen. Eine Falle! Und der Hund verstrickt sich immer schlimmer im Netz.

Von irgendwo gackert es: »Hund! Komm her! Ich habe deinen Freund gefangen!
Er sieht fast gleich aus wie du, nur ängstlicher!«
Der Hund japst: »Ich kann nicht kommen! Ich bin in eine Falle geraten!«
Das Huhn eilt ihm zu Hilfe.

Endlich ist der Hund befreit. Er atmet auf: »Danke, dass du mir geholfen hast.
Was müssen das für Dummköpfe sein, die solche Fallen bauen?!"

Das Huhn schweigt. Zusammen machen sie sich auf den Weg.

Am Abend erzählt das Huhn dem Hund dann doch
die wahre Geschichte vom Nachmittag.
Wie es den Freund fangen wollte, die Falle baute
und wie plötzlich alles schiefging. Beide lachen.
Und immer, wenn das Huhn fertig ist mit dem
Erzählen, bittet der Hund: »Erzähl unsere Geschichte
nochmals!«

Es wird spät.

Nachts hören sie unbekannte Geräusche.
Der Hund winselt: »Wenn mein Freund Marulan
oder Taluros da wäre, so würde er uns jetzt
vor wilden Tieren beschützen.«
Das Huhn hat eine Idee: »Vergiss diesen Marulan-
oder-Taluros! Komm! Wir stellen uns auf dem
Felsen dort oben ins Mondlicht. Ich klettere auf
deinen Rücken. Zusammen sehen wir aus wie
ein unbesiegbarer Drache!«

Die Sonne weckt die beiden.

»Ich hab's!«, gackert das Huhn.

»Von hier aus sieht man ganz weit. Und alle können uns hören.«

Das Huhn holt tief Luft und ruft: »Freund vom Hund! Komm!
Der Hund ist hier! Er ist ein prima Kerl! Er ist hilfsbereit,
kann über Missgeschicke lachen und hat gute Ideen.
Er hört einem zu, und man kann mit ihm reden, spielen und
schweigen!«

Der Hund macht große Augen. »Stimmt denn das alles?«

Das Huhn winkt ab.

»Ach was. Ein bisschen übertreiben gehört dazu.«

Sie horchen, und sie warten.

Aber es kommt kein Marulan, und es kommt kein Taluros.

Das Huhn versucht den Hund zu trösten.

Der Hund reibt sich die Augen.

»Dort drüben glitzert ein Bach! Ein Bach wird zum Fluss. Und ein Fluss fließt ins Meer.
Und irgendwo im Meer liegt die Insel, die ich gezeichnet habe. Vielleicht ist mein Freund schon dort.«

Das Huhn pickt und nickt: »Ja. Aber die Schatzkisten findet dieser Marulan-oder-Taluros bestimmt nicht
ohne uns. Damit kenne ich mich viel besser aus.«

Jetzt ist der Hund weg.

Das Huhn seufzt: »Wo ist er hin? Sucht er vielleicht ohne mich ein Abenteuer?
Ich wünschte mir, er wäre wieder hier!«

Da raschelt ein Busch. Der Busch sagt: »Ich bin ein Wunschbusch! Sag mir, was du dir wünschst!«

Es ist nicht einfach für das Huhn: Soll es sich den Hund herwünschen? Oder den Piratenschatz?

»Mein größter Wunsch ist … der Piratenschatz. Mit Gold, Edelsteinen und Regenwürmern.«
Es wird still im Gebüsch. Traurig still. Dann scharrt und rumpelt und winselt und zappelt es.
Aus dem Gebüsch kommt …

…der ziemlich dreckige Hund.

Er schüttelt den Kopf: »So ein Pech!
Plötzlich standen hinter dem Busch drei Kisten.
Ich wollte sie dir bringen, aber dann waren da
auch drei Piraten. Oder sieben.
Einer von ihnen hieß Marulan. Oder Taluros.
Es waren schrecklich gemeine Typen.
Sie haben mir die Kisten weggenommen.
Nur ein einziger Regenwurm ist geblieben. Da.«

Es ist ein fetter Regenwurm. Mit vollem Schnabel sagt das Huhn: »Das macht nichts. Vielleicht ist es besser, den Piratenschatz nicht zu haben. Das Abenteuer, ihn zu **suchen**, ist schöner. Aber erzähl mir vom Schatz.«

Und der Hund erzählt, wie golden das Gold glänzte und wie edel die Edelsteine glitzerten und wie fett die Regenwürmer waren. Und wie schrecklich gemein Marulan oder Taluros war.

»Wie geht's jetzt weiter mit uns?«, fragt der Hund.
Das Huhn weiß es sofort: »Ich könnte jemandem … äh, irgendjemandem die Welt zeigen, die ich nicht kenne. Und du?«
Der Hund stupst das Huhn an: »Ich könnte jemandem … äh, irgendjemandem zeigen, dass Abenteuer zu zweit doppelt schön sind. Dort ist der Bach. Und es gibt kein Boot. Das wird abenteuerlich. Hättest du zufällig Zeit?«

»Und was tun wir beim nächsten Wunschbusch?«, will das Huhn noch wissen.
»Wünschst du dir dort jemanden, der besser zu dir passt als ich? Mit Fell statt Federn?«

Nachdenklich schaut der Hund das Huhn an:
»Nein, einen Freund zu haben, der anders ist, ist das beste Abenteuer.«

APPLAUS! Verbeugung! Vorhang!
Applaus! Applaus! Applaus – und – aus.

Durch den geschlossenen Vorhang hört man
noch immer die Begeisterung des Publikums.
Der Hund wedelt mit dem Schwanz:
»Sie lieben unsere Geschichte. Hörst du?«

Auch das Huhn ist ganz flatterig.
»Ja! Das Publikum hat gespürt, dass es im Theater um das richtige Leben geht.
Aber jetzt, mein Freund, hab ich Hunger. Gehen wir zu dir oder zu mir?«